HOW TO DRAW

STEP 1
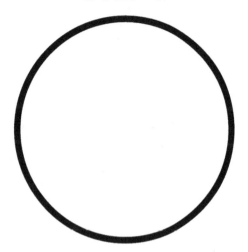

STEP 2
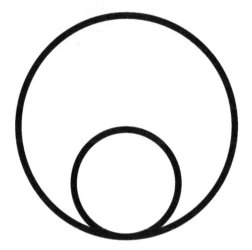

STEP 3

STEP 4

STEP 5

STEP 6

HOW TO DRAW

STEP 1
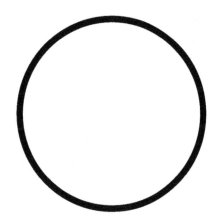

STEP 2
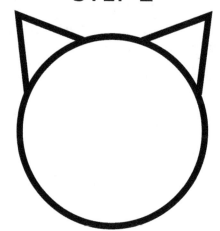

STEP 3

STEP 4
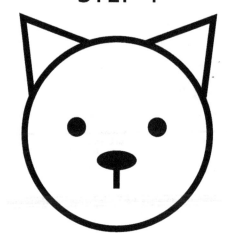

STEP 5

STEP 6

HOW TO DRAW

STEP 1
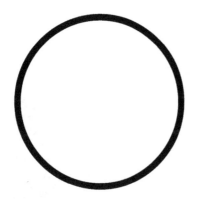

STEP 2
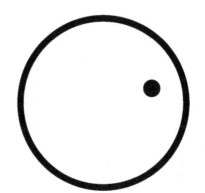

STEP 3
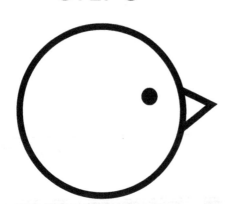

STEP 4

STEP 5

STEP 6

HOW TO DRAW

STEP 1

STEP 2

STEP 3

STEP 4

STEP 5

STEP 6

HOW TO DRAW

STEP 1

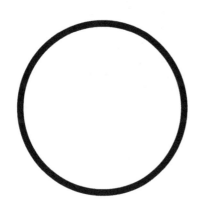

STEP 2

STEP 3

STEP 4

STEP 5

STEP 6

HOW TO DRAW

STEP 1
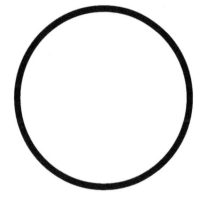

STEP 2

STEP 3

STEP 4

STEP 5

STEP 6

HOW TO DRAW

STEP 1

STEP 2

STEP 3
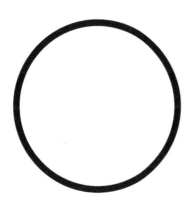

STEP 4

STEP 5

STEP 6

HOW TO DRAW

STEP 1
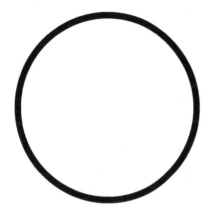

STEP 2
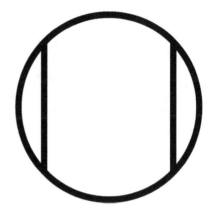

STEP 3

STEP 4

STEP 5

STEP 6

HOW TO DRAW

STEP 1

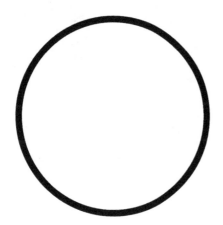

STEP 2

STEP 3

STEP 4

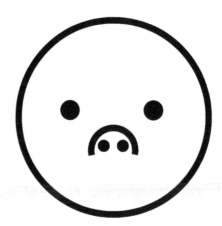

STEP 5

STEP 6

HOW TO DRAW

STEP 1

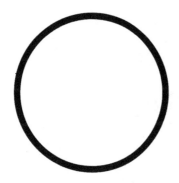

STEP 2

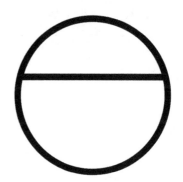

STEP 3

STEP 4

STEP 5

STEP 6

HOW TO DRAW

STEP 1

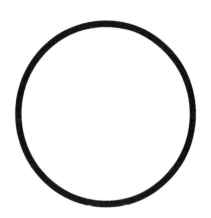

STEP 2

STEP 3

STEP 4

STEP 5

STEP 6

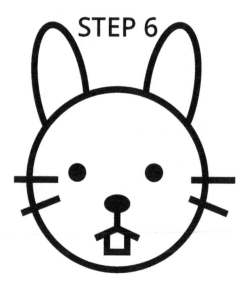

HOW TO DRAW

STEP 1
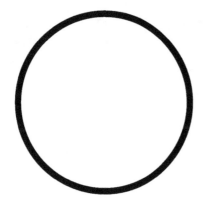

STEP 2
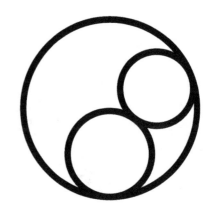

STEP 3

STEP 4
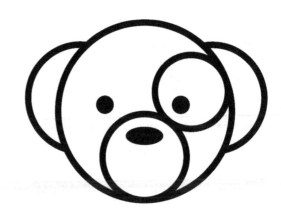

STEP 5

STEP 6

HOW TO DRAW

STEP 1
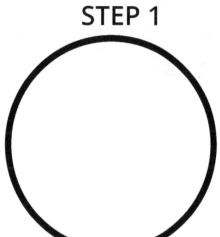

STEP 2

STEP 3

STEP 4

STEP 5

STEP 6

HOW TO DRAW

STEP 1

STEP 2

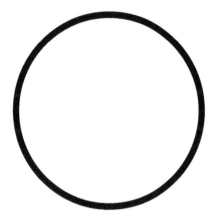

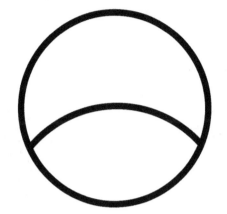

STEP 3

STEP 4

STEP 5

STEP 6

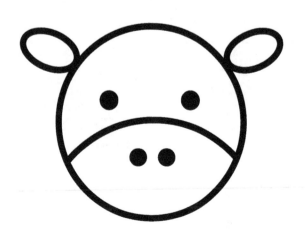

HOW TO DRAW

STEP 1
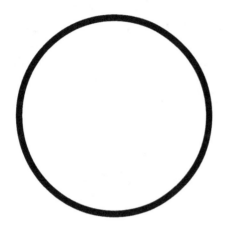

STEP 2

STEP 3

STEP 4

STEP 5

STEP 6

HOW TO DRAW

STEP 1
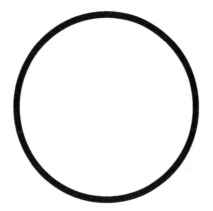

STEP 2

STEP 3

STEP 4

STEP 5

STEP 6
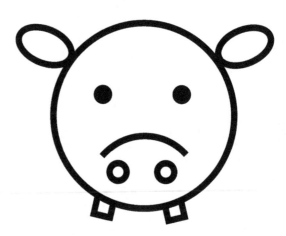

HOW TO DRAW

STEP 1
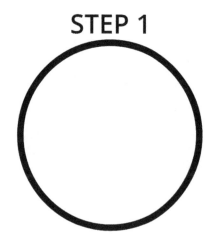

STEP 2

STEP 3
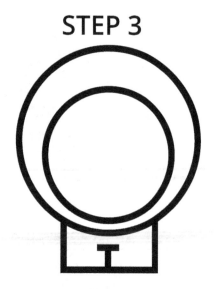

STEP 4
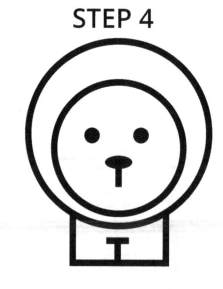

STEP 5

STEP 6

HOW TO DRAW

STEP 1
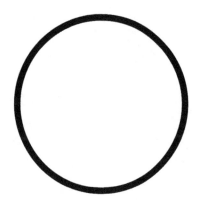

STEP 2

STEP 3

STEP 4

STEP 5

STEP 6

HOW TO DRAW

STEP 1
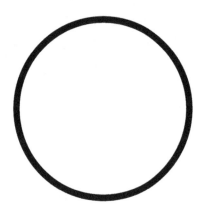

STEP 2

STEP 3
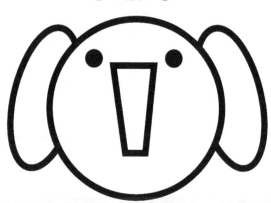

STEP 4

STEP 5
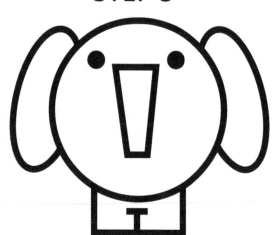

STEP 6
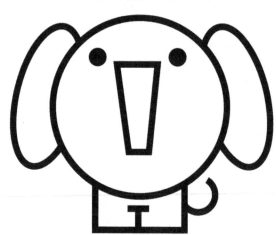

HOW TO DRAW

STEP 1

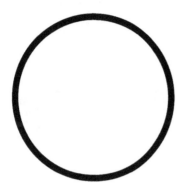

STEP 2

STEP 3

STEP 4

STEP 5

STEP 6

HOW TO DRAW

STEP 1
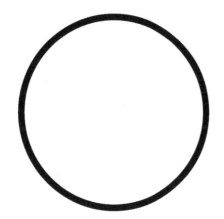

STEP 2

STEP 3

STEP 4

STEP 5

STEP 6
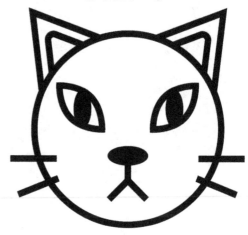

HOW TO DRAW

STEP 1
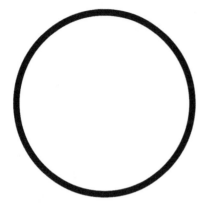

STEP 2

STEP 3

STEP 4

STEP 5

STEP 6

HOW TO DRAW

STEP 1
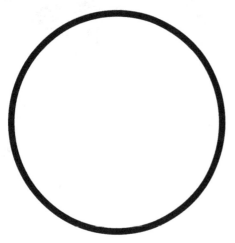

STEP 2
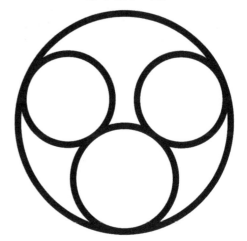

STEP 3

STEP 4

STEP 5

STEP 6

HOW TO DRAW

STEP 1

STEP 2

STEP 3

STEP 4
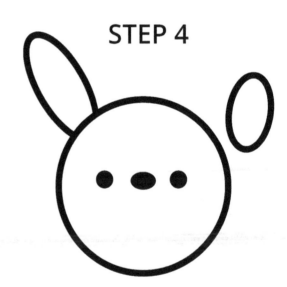

STEP 5
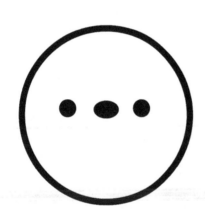

STEP 6

HOW TO DRAW

STEP 1

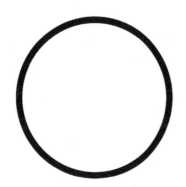

STEP 2

STEP 3

STEP 4

STEP 5

STEP 6

HOW TO DRAW

STEP 1
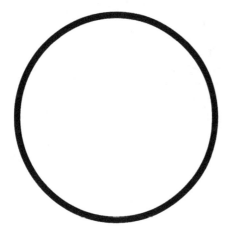

STEP 2
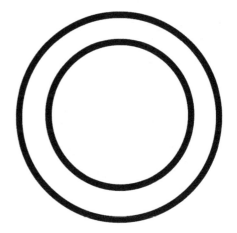

STEP 3
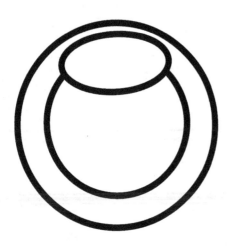

STEP 4

STEP 5

STEP 6

HOW TO DRAW

STEP 1

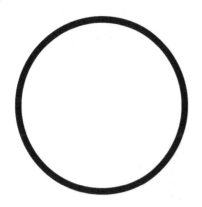

STEP 2

STEP 3

STEP 4

STEP 5

STEP 6

HOW TO DRAW

STEP 1

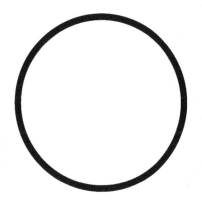

STEP 2

STEP 3

STEP 4

STEP 5

STEP 6

HOW TO DRAW

STEP 1
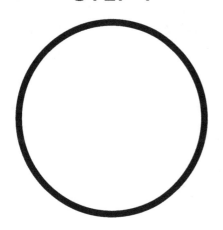

STEP 2

STEP 3

STEP 4

STEP 5

STEP 6

HOW TO DRAW

CPSIA information can be obtained
at www.ICGtesting.com
Printed in the USA
BVHW060624100621
609091BV00014B/2131